Cinzia Medaglia   Achim Seiffarth

Storia d'amore

Redazione: Simona Gavelli, Donatella Sartor
Progetto grafico e direzione artistica: Nadia Maestri
Grafica: Maura Santini
Illustrazioni: Alfredo Belli
    colorate da: Veronica Paganin

Saremo lieti di ricevere i vostri commenti, eventuali suggerimenti
e di fornirvi ulteriori informazioni che riguardano le nostre pubblicazioni:
info@blackcat-cideb.com
Le soluzioni degli esercizi sono disponibili nel sito blackcat-cideb.com

ISBN 978-88-530-0057-6 Libro + CD ISBN 88-530-0057-0

Stampato in Italia da Litoprint, Genova

INDICE

Testo integralmente registrato.

 Questo simbolo indica le attività di ascolto.

 Questo simbolo indica gli esercizi in stile CELI 2 (Certificato di conoscenza della Lingua italiana), livello B1.

CAPITOLO **1**

12 ottobre 1984

 ggi è stata una bella giornata. C'era il sole. Io indossavo [1] il vestito rosso. Sai che di solito [2] metto i jeans, ma oggi volevo essere bella, elegante, non so neanch'io perché. Ero davanti alla scuola. Era presto. Mi piace andare a scuola con un po' di anticipo, [3] quando non fa freddo, e mi piace guardare gli altri ragazzi e ragazze. Anche LUI era in anticipo, come sempre, come me. Lo avevo già notato. [4] È bello, molto

---

1. **indossavo** : avevo indosso, vestivo.
2. **di solito** : normalmente.
3. **anticipo** : prima del tempo stabilito.
4. **notato** : visto, osservato.

Storia d'Amore

bello: è alto, ha i capelli neri e gli occhi azzurri. Mi ha parlato. Mi ha chiesto:

"Sei in quarta, vero?"

"Sì," ho risposto. Ero così emozionata[1] che non riuscivo[2] a dire altro.

"Io mi chiamo Filippo e tu?"

"Mi chiamo Valentina."

1. **emozionata** : agitata.
2. **riuscivo** : ero capace.

"Non eri in questa scuola l'anno scorso..."

"No, andavo in una scuola privata... ma preferisco questa."

Poi sono arrivate due sue compagne di classe. Si vede che ne sono innamorate già solo da come lo guardano.

E lui mi ha sorriso – quando sorride è ancora più affascinante – e mi ha detto:

"Adesso devo andare. Ci vediamo domani, alla stessa ora?"

"Sì," ho risposto io e l'ho salutato.

Ho pensato a lui tutto il pomeriggio. Mia mamma ha detto: "Hai una faccia strana... cos'hai?"

"Niente" ho risposto.

13 ottobre 1984

È stato puntuale, anzi era in anticipo. Quando sono arrivata davanti alla scuola, lui era già lì. Aveva in mano un libro.

"Ciao, Valentina" mi ha detto sorridendo.

"Ciao" ero molto imbarazzata. [1] Non so cosa dire ai

---

1. **ero imbarazzata** : non sapevo cosa fare o dire.

ragazzi. Ho passato troppo tempo con ragazze alla mia scuola privata di suore.

"Lo conosci?" e mi ha mostrato il titolo del libro, *Il ritratto di Dorian Gray*.

"Oh sì, è uno dei miei libri preferiti." Ero contenta che avessimo scoperto subito qualcosa in comune.

"Ti piace leggere?"

"Sì, molto." Abbiamo parlato delle nostre letture. Anche lui ha letto tanto e gli piacciono i romanzi inglesi, come a me. Eravamo così assorbiti dalla [1] conversazione che non ci siamo accorti che era suonata la seconda campanella. [2]

1. **assorbiti dalla** : concentrati sulla.
2. **campanella** : indica l'inizio delle lezioni.

22 ottobre 1984

Ieri, domenica, mi ha invitato al cinema. Prima siamo andati in centro, in un grande cinema vicino a Piazza Duomo. Ma c'era così tanta gente – come sempre di domenica in centro a Milano – che abbiamo scelto un cinema d'essai [1] in zona Magenta. Il film che abbiamo visto è molto famoso e l'avevamo già visto tutti e due: "Indovina chi viene a cena?". È molto bello e mi è piaciuto ancora di più perché LUI era vicino a me e sentivo che

---

1. **cinema d'essai** : cinema in cui si possono vedere film di particolare valore artistico.

Storia d' Amore

sarebbe successo qualcosa. Infatti dopo il cinema siamo
andati al parco Sempione dietro al Castello Sforzesco.
Erano le sei di pomeriggio: io dovevo essere a casa alle
sette. Il parco era deserto [1] perché pioveva.

Mi ha detto:

"Sei bellissima... sei la donna che ho sempre sognato" e
mi ha baciato. Eravamo insieme sotto la pioggia sotto il suo
grande ombrello nero.

Sento di vivere la storia più bella della mia vita.

---

1. **deserto** : vuoto.

Comprensione

1 **Rileggi il capitolo e segna con una ✗ la lettera corrispondente all'affermazione corretta.**

1. Valentina
   a. ☐ viene da un'altra scuola.
   b. ☐ va in una scuola privata.
   c. ☒ vuole andare in una scuola privata.

2. Filippo
   a. ☐ non è amato dalle sue compagne di classe.
   b. ☒ è amato dalle sue compagne di classe.
   c. ☐ non è molto bello.

3. *Il ritratto di Dorian Gray*
   a. ☒ è noto a Valentina.
   b. ☐ non piace a Valentina.
   c. ☐ è un romanzo italiano.

4. A Valentina e a Filippo piace
   a. ☐ studiare.
   b. ☒ leggere.
   c. ☐ passeggiare.

5. Valentina e Filippo sono andati insieme
   a. ☒ al cinema e al parco.
   b. ☐ al parco e al cinema.
   c. ☐ al cinema.

6. C'era molta gente
   a. ☐ al cinema d'essai.
   b. ☒ in centro.
   c. ☐ al parco.

7. Il tempo era
   a. ☒ brutto.
   b. ☐ nuvoloso.
   c. ☐ soleggiato.

Produzione orale

CELI 2

Tanto per conoscersi

1 **Rispondi alle seguenti domande.**

1. Dove abiti? Abiti in una città o in un paese?
2. Nel posto in cui abiti la gente esce molto di domenica? Va in centro o passa la domenica in altri luoghi?
3. E tu cosa fai di domenica? Stai in casa, vai al cinema, vai in campagna, o altro?
4. Ci sono tanti parchi nella tua città/paese? Ci vai spesso?
5. Cosa si può vedere nella tua città? Monumenti/chiese/ gallerie-musei?

Competenze linguistiche

1 **L'intruso**
Quale parola non c'entra con le altre?

1. indossare: vestiti / libri / scarpe
2. essere: bello / in anticipo / presto
3. fare: freddo / presto / in anticipo
4. chiedere: qualcosa / una domanda / il nome
5. esserci: sole / freddo / tardi
6. frequentare: bagno / scuola / bar
7. passare: tempo / casa / autobus

13

Grammatica

Indicativo imperfetto

L'imperfetto è un tempo verbale che indica un'azione passata nel suo svolgimento, un'azione di una certa durata o che si ripeteva abitualmente nel passato:

Ieri sera al cinema Filippo parlava a voce alta.
(Azione che ha avuto una certa durata nel passato ed è stata considerata nel suo svolgimento.)

Da bambino andavo spesso in piscina.
(Azione che si è ripetuta nel passato.)

L'imperfetto è usato anche:

- per indicare la **contemporaneità** rispetto a un altro tempo passato:
Questa mattina, mentre leggevo, è arrivato il mio amico Luca.

- nelle **narrazioni**: *C'era una volta una bellissima principessa...*

- nelle **descrizioni**: *Il paesaggio era stupendo: regnavano la pace e la tranquillità.*

❶ Completa le seguenti frasi coniugando il verbo tra parentesi all'imperfetto.

1. Alla sfilata le indossatrici (indossare) .... gli ultimi modelli di Armani.

2. Quand'era bambino, gli (piacere) .... molto giocare con i trenini elettrici.

3. Valentina (parlare) .... al telefono con Filippo, quando è arrivata Camilla.

4. Lo scorso Carnevale, i miei amici (volere) .... organizzare una festa in maschera.

5. Per vedersi, Valentina e Filippo (andare) .... sempre a scuola in anticipo.

6. Giorgio (ascoltare) .... l'ultimo CD di Pavarotti quando è squillato il telefono.

7. Le amiche di Filippo (sentire) .... che si sarebbe innamorato di Valentina.

8. Anna non è uscita con le sue amiche perché (dovere) .... ancora fare i compiti di matematica.

2 Inserisci, nel seguente dialogo, l'imperfetto dei verbi tra parentesi.

Enrico e Claudio parlano del concerto di musica rock a cui hanno partecipato:

Enrico: Il concerto è stato bellissimo e la musica (*essere*) .... stupenda, non è vero?

Claudio: Hai ragione! Il cantante del gruppo (*avere*) .... una voce incredibile!

Enrico: Tutti gli spettatori (*applaudire*) .... e (*gridare*) .... forte!

Claudio: Il batterista (*suonare*) .... in maniera perfetta!

Enrico: Già! E i due chitarristi (*seguire*) .... il cantante senza sbagliare una nota!

Claudio: Tu (*conoscere*) .... la canzone finale?

Enrico: La canzone inglese? No, però (*io - sapere*) .... a memoria tutte le altre canzoni!

Claudio: Anche io! E (*cantare*) .... a voce alta!

Enrico: È stata un'esperienza bellissima!

3 Introduci le preposizioni appropriate.

1. "Vieni ..... centro?" "No, ... centro a Milano c'è troppa gente."

2. "Andiamo ..... cinema?" "Quale cinema?" "Quello ..... zona Magenta."

3. Mi invita sempre ..... casa sua.

4. Devo essere a casa .... quattro.

5. "Cosa ha ..... mano?" "Un libro, penso."

6. Non è mai ..... ritardo, ma neppure ..... anticipo.

Documenti

**Ecco una scena del film "Indovina chi viene a cena?"
Lo conosci? Come s'intitola nella
tua lingua? Leggi la trama!**

*Joey ha deciso di sposare il medico
di colore John, certa di non trovare
difficoltà in famiglia. Il padre di lei
infatti è un giornalista di tendenze
liberali. Invece
all'inizio l'uomo è
contrario e sono
contrari anche i
genitori di lui. Ma
la vicenda ha un
lieto fine.*

Rispondi alle seguenti domande.

1. Cosa vuole fare Joey?
2. Perché pensa che il padre sia d'accordo?
3. Alla fine riesce a sposarlo?
4. Hai visto il film? Ti è piaciuto?

1. wants to Get muffins
2. because les libreal
3. si
4. no

Matrimonio e... cinema

Anche di questi tempi, il cinema propone una serie di film dove riuscire a combinare un matrimonio o facilitare la relazione di "razze e popoli diversi" sembra essere diventata un'impresa.

Nel "Il mio Grosso Grasso matrimonio greco" la protagonista, Toula, ha 30 anni, ma non ha ancora marito.
Lavora al Dancing Zorba, il ristorante greco di cui sono proprietari i genitori. Il padre la vuole sposata ad ogni costo e pensa addirittura di spedirla in Grecia per risolvere il problema una volta per tutte. Ma lei si innamora di un affascinante professore di liceo che però non è greco e dovrà mettercela tutta per essere accettato in famiglia.

Il tema presentato è sì l'integrazione razziale, ma in verità resta una commedia romantica con tanto di lieto fine!

In "Jalla! Jalla!" (Presto! Presto!) i protagonisti sono Roro e Mans, due amici per la pelle che lavorano come custodi di un parco.
Roro, figlio di immigrati albanesi, ama una ragazza svedese che però non ha mai avuto il coraggio di presentare alla sua famiglia. Quando finalmente lo trova, i genitori gli annunciano che hanno già organizzato il suo matrimonio con una ragazza libanese. I due si conoscono e, pur con le loro idee, inconciliabili con quelle delle rispettive famiglie, fanno comunque un patto...
Il finale, con il coinvolgimento di Mans, ribalterà ogni cosa!

"Jalla! Jalla!" narra di un contrasto generazionale, che a sua volta nasce dal confronto fra due culture:
* i matrimoni sono combinati;
* uomini e donne che a una certa età non sono ancora sposati sono un problema per la comunità.

CAPITOLO **2**

10 gennaio 1985

Ci vediamo quasi ogni giorno, di pomeriggio, perché mia mamma non vuole che io esca di sera. Ci incontriamo in biblioteca, al parco, andiamo in bicicletta insieme, qualche volta – durante il [1] week-end – anche a ballare. È bellissimo. Non sono mai stata così felice nella mia vita.

Purtroppo entrambi [2] dobbiamo studiare, così spesso ci vediamo solamente per mezz'ora. Quando proprio non possiamo incontrarci, oggi per esempio, ci telefoniamo.

---

1. **durante il** : nel.
2. **entrambi** : tutt'e due.

Al fine settimana andiamo sempre a "visitare" Milano. Anche se tutt'e due siamo di qua, ci siamo accorti di non conoscere bene la nostra città.

Domenica scorsa, per esempio, siamo andati alla Pinacoteca [1] di Brera. È incredibile quante cose sa e racconta Filippo su quadri, gente di altri tempi ed episodi [2] storici.

Poi mi ha portato in un bar che conosce lui, vicino al museo. È un bar adesso di moda, ma per lungo tempo lo hanno

frequentato [3] artisti che hanno venduto al proprietario le loro opere [4] in cambio di qualche bottiglia di vino e di un pasto. [5]

Abbiamo parlato dei nostri progetti: vogliamo andare all'università. Lui vuole studiare Scienze, è bravissimo a scuola, ma non è un secchione. [6] I suoi compagni di classe dicono che è una specie di genio. Ma dovrà anche lavorare perché la sua famiglia è piuttosto povera. Io voglio studiare

1. **pinacoteca** : museo di quadri.
2. **episodi** : fatti.
3. **lo hanno frequentato** : vi andavano, vi si incontravano regolarmente.
4. **opere** : lavori.
5. **pasto** : pranzo/cena.
6. **secchione** : (fam.) persona che studia molto (in senso negativo).

Storia d'Amore

Economia. Voglio diventare manager come mio padre.

Mi ha detto:

"Ci sposeremo dopo l'università e abiteremo in una grande casa."

20 marzo 1985

Oggi sono andata a casa di Filippo e ho conosciuto la sua famiglia. Abita in un piccolo appartamento lontano da casa mia, in un quartiere popolare. [1] Il suo appartamento è proprio minuscolo. [2] Addirittura non ha una camera per sé. Deve dormire con i suoi due fratelli, due piccoli mostri, che gridano e fanno continuamente rumore. Sono contenta di non avere fratelli, anche se sono sicura che non sarebbero così maleducati. [3] La mamma fa la casalinga. È una donna grassa e piuttosto brutta, ma molto dolce. Anche il padre è grasso e parla sempre ad alta voce, anzi urla. [4] È comunque molto gentile. Mi hanno offerto del vino siciliano, forte, ma molto

---

1. **quartiere popolare** : non di lusso, modesto.

2. **minuscolo** : molto piccolo.

3. **maleducati** : poco gentili.

4. **urla** : grida.

buono. Ne ho bevuto due bicchieri e poi ero un po' ubriaca. [1]

Certo c'è una grossa differenza tra le nostre famiglie, ma non m'importa. [2] Io lo amo lo stesso, anzi ancora di più.

you are distracted... you don't study enough your always out

2 maggio 1985

we only see dad in the evening

85

Sono un po' depressa. Ho avuto una discussione con i miei genitori a causa di Filippo, o meglio, del rapporto tra me e Filippo. Da qualche settimana mia mamma mi dice:

"Sei distratta... [3] non studi abbastanza... sei sempre fuori..." Papà lo vediamo soltanto di sera, ma la mamma deve avergli parlato. Così ieri sera sono venuti tutti e due nella mia camera e mi hanno detto:

"Dobbiamo parlarti."

Quando dicono così, sono sempre guai! [4] Ha cominciato la mamma: "Mi sembra che trascuri [5] lo studio in questo periodo."

---

1. **ero un po' ubriaca** : avevo bevuto troppo.
2. **non m'importa** : non ha importanza per me.
3. **distratta** : poco attenta.
4. **guai** : problemi.
5. **trascuri** : non curi abbastanza, non ti dedichi abbastanza (a).

Storia d'Amore

Me lo aspettavo!

"Non è vero," ho risposto io, "prendo sempre dei buoni voti."

Mio padre ha detto:

"Lunedì sono andato a parlare con la professoressa di scienze. Mi ha detto che hai preso sei nel compito in classe."

"Papà, non sono MAI stata brava in scienze."

La mamma ancora:

"In inglese hai preso soltanto sette."

"Non è un brutto voto."

Papà ha commentato: [1] "Non ti sei mai accontentata." [2]

"Adesso sì. Non esiste soltanto la scuola."

La mamma ha ribattuto: [3] "Cosa allora?"

Papà ha proseguito [4] con voce triste: "Cosa succede, cara?"

"Esco con un ragazzo, lo sapete."

"Sì, ma è così importante per te?"

"Sì," rispondo io, "importantissimo. Io... lo amo..."

Loro mi guardano. Non capiscono. Per loro sono ancora una bambina. Prima di andarsene, papà mi dice:

"Continua pure a vedere il tuo... il tuo?"

"Filippo," dico io.

"Ma non dimenticare ciò che è importante per il tuo futuro e se hai problemi, parlane con noi."

---

1. **commentato** : detto.
2. **non ti sei mai accontentata** : non sei mai stata contenta/soddisfatta di qualcosa.
3. **ribattuto** : risposto.
4. **proseguito** : continuato a dire.

Comprensione

1 **Rileggi il capitolo e indica con una ✗ la lettera corrispondente all'affermazione corretta.**

1. Valentina e Filippo si sono visti
   a. ☐ poco.
   b. ☐ spesso.
   c. ☐ di sera.

2. Al fine settimana vanno
   a. ☐ a visitare Milano.
   b. ☐ in un bar.
   c. ☐ fuori con amici.

3. Filippo e Valentina vogliono
   a. ☐ andare all'università.
   b. ☐ lavorare.
   c. ☐ lavorare e studiare.

4. La famiglia di Filippo
   a. ☐ non piace a Valentina.
   b. ☐ è povera.
   c. ☐ non è gentile con Valentina.

5. La differenza tra le famiglie
   a. ☐ disturba Valentina.
   b. ☐ non interessa a Valentina.
   c. ☐ piace a Valentina.

6. I genitori di Valentina le dicono che
   a. ☐ non deve più vedere Filippo.
   b. ☐ deve studiare di più.
   c. ☐ non va bene a scuola.

2 Ascolta attentamente il discorso tra la professoressa di scienze e il padre di Valentina e completa.

Prof.: Valentina non .... molto bene in questo periodo.

Padre: Ah...

Prof.: Nell'ultima .... ha .... un sei.

Padre: Solo sei.

Prof.: Già. Non ha .... o almeno non come al ....

Padre: Capisco.

Prof.: Valentina è una ragazza molto .... Può fare di più. Forse ha dei ....?

Padre: Ma non lo .... Le .... oggi stesso.

Prof.: Sa... molti ragazzi a quest' .... hanno una crisi. Forse è ....

Padre: Grazie .... professoressa Buccini.

Produzione orale

1 Cosa ne pensi? A diciotto anni...

1. è più importante la scuola dell'amore.
2. il consiglio dei genitori è importante.
3. si sa ciò che si vuole.
4. la differenza di stato sociale è un ostacolo alla felicità della coppia.

2 E tu, a scuola?

1. Sei/eri brava/o?
2. Qual è/era la tua materia preferita?
3. Qual è/era la materia in cui andavi peggio?

4. Ti piace/piaceva la scuola?

5. Le materie sono le stesse che studi/hai studiato tu?

Materie d'insegnamento	voto	ılıḥ	ılı	ılılı	ıu	ı⃞ɥ		ıᵘ ᵘᵘᵘ ᵘ⃞	ılı	Risultato finale
Lettere italiane	8									
Lingua straniera (tedesco)	7									
Storia	7									
Filosofia	8									
Matematica	8									Osservazioni
Scienze naturali	6									
Latino	6									
Educazione fisica	8									
Religione	molto buono									
Firma del Preside										
Firma del genitore										

Voti: 5 insufficiente   6 sufficiente   7 discreto   8 buono
         9 molto buono   10 ottimo

La nuova scuola italiana

È diventata legge la riforma della scuola voluta dal Ministro dell'Istruzione Letizia Moratti.

Gli anni della scuola sono stati divisi in due cicli: il primo dura otto anni, con l'insegnamento di una lingua straniera e del computer; il secondo ciclo è suddiviso in scuole superiori e scuole professionali, ma in entrambi i casi l'obbligo dell'istruzione dura sino ai 18 anni.

Al posto dei vecchi licei sono previsti otto indirizzi di studi, della durata di cinque anni, dei quali l'ultimo rappresenta un approfondimento per l'orientamento (1) all'università.

Le scuole professionali durano invece quattro anni, ma per potersi iscrivere all'università è richiesto un ulteriore anno.

BAMBINE E BAMBINI, BENVENUTI IN PRIMA CLASSE.

LA SCUOLA CRESCE, PROPRIO COME TE

1. **orientamento** : scelta.

Competenze linguistiche

1 **Trova e collega con una freccia la parola corrispondente alle definizioni.**

1. Dove si leggono libri
2. Molto piccolo
3. Mezzo di trasporto a due ruote
4. Sabato e domenica
5. Posto dove si beve
6. Lo sono pittori, scultori, ecc.
7. Lo sono colazione, pranzo e cena
8. Il contrario di magro

a. minuscolo
b. bar
c. pasti
d. fine settimana
e. biblioteca
f. bicicletta
g. grasso
h. artisti

Grammatica

CELI 2

1 **Completa le seguenti frasi con gli aggettivi appropriati facendo il giusto accordo.**

siciliano	importante	popolare	grande
buono	povero	ricco	bello	grasso

1. Spesso bevo del vino .... È molto ....
2. Valentina e Filippo vorrebbero abitare in una ....
   casa.
3. Filippo è ...., invece lei è ....
4. I genitori di Filippo sono ....
5. Per i genitori di Valentina la scuola è ....
6. Valentina non prende dei .... voti a scuola.
7. La famiglia di Filippo abita in un quartiere ....

2 Nel corso del capitolo hai incontrato molti superlativi, come ad esempio: "È bellissimo". Trova tu gli altri.

....

....

....

....

3 Ed ora forma il superlativo delle parti di frase in neretto. Attenzione alla posizione dell'aggettivo.

1. La sua famiglia è **piuttosto povera**: ....
2. Abiteremo in un **grande** casa: ....
3. Abita in un **piccolo** appartamento: ....
4. Oggi è stata una **bella** giornata: ....
5. "Ciao," ero **molto imbarazzata**: ....

4 Forma il superlativo assoluto dei seguenti aggettivi.

Bello   Bellissimo

ricca   ....

giovane   ....

magre   ....

celebre   ....

vivaci   ....

aspro   ....

graziose   ....

vanitosa   ....

brutti   ....

famosa   ....

Documenti

1 **Turismo. Cosa si può visitare a Milano?**
Milano è una città industriale, di circa due milioni di abitanti.
Ma vi sono diverse chiese e monumenti degni di nota.
Scrivi i nomi corretti accanto alle fotografie.

Duomo/Castello Sforzesco/Basilica di S. Ambrogio

1. ....

2. ....

3. ....

CELI 2

2 **A te piace visitare, "vivere" il posto in cui vai in vacanza o sei il classico "turista"?**
Approfitta di questa occasione e completa il seguente questionario.

Una rivista italiana offre un viaggio premio a dieci lettori che rispondono al questionario che servirà per la preparazione di una guida turistica sulla città di Milano.

NOME ....

COGNOME ....

INDIRIZZO ....

SESSO: ☐ M   ☐ F

Tra tutti i luoghi che ha visitato, qual è il suo preferito?
....

Per quali caratteristiche?
....

C'è un museo che ha preferito in modo particolare?
....

Quale?
....

Tra tutti gli alberghi dove ha soggiornato, qual è il suo preferito?
Nome dell'albergo ....
Indirizzo ....

Tra tutti i ristoranti che ha provato, qual è il suo preferito?
Nome del ristorante ....

Tra tutti i mezzi di trasporto che ha utilizzato qual è il suo preferito?
....

Per quali motivi?
....

CAPITOLO **3**

15 maggio 1985

eri Filippo mi ha invitato fuori a cena per il 19 maggio. È il mio compleanno: compio 18 anni. "È un giorno importante" ha detto, "dobbiamo festeggiarlo [1] per bene."

Oggi devo dirlo a mia mamma. È il mio compleanno. DEVE lasciarmi star fuori di sera. E poi, da quando abbiamo parlato, i rapporti tra me e i miei genitori sono migliorati. Mia mamma è più gentile e mio padre fa meno domande. Io sono anche uscita meno durante la settimana e ho studiato tantissimo. Insomma abbiamo trovato un

---

1. **festeggiarlo** : celebrarlo.

compromesso ed è tornata la pace in famiglia. Filippo non parla molto con i suoi genitori. Ieri mi ha detto:

"Io voglio bene a mio padre e a mia madre, ma loro sono molto diversi da me. Non posso pretendere [1] che mi comprendano. I tuoi genitori ti capiscono sempre?"

"No, non sempre, ma quasi sempre," ho risposto.

"Sei fortunata," ha detto lui.

"Abbastanza fortunata," ho commentato io.

16 maggio 1985

Questa mattina, prima di andare a scuola, ho detto a mia mamma: "Filippo mi ha invitato a cena per il mio compleanno."

La mamma non ha detto niente.

"Posso...?"

"Sì, puoi. Ma..."

C'è sempre un 'ma' con i miei genitori.

"Ma... insomma noi non conosciamo questo ragazzo. Da

---

1. **pretendere** : volere a tutti i costi.

tanto tempo esci con lui e non ce lo hai mai presentato. [1] Invitalo a casa nostra, alle sette, prima di uscire a cena con lui! Prendiamo un aperitivo insieme e parliamo un po'."

"Glielo chiedo," ho detto io.

E Filippo ha accettato. Sono contenta. Sono sicura che la mia famiglia gli piacerà. I miei genitori sono intelligenti e colti. [2] Sono molto orgogliosa [3] di loro. Sono anche sicura che lui piacerà ai miei genitori. È vero che non è 'di buona famiglia' – mia mamma tiene [4] molto alla famiglia – ma è intelligente, bravo a scuola, bello e simpatico. Cosa possono volere di più?

---

1. **presentato** : fatto conoscere.
2. **colti** : persone di grande cultura.
3. **orgogliosa** : contenta/fiera di qualcuno/qualcosa
4. **tiene** : dà importanza a.

19 maggio 1985
pomeriggio

Filippo arriverà tra qualche minuto. Ho messo un vestito nuovo, verde – come la speranza – e molto elegante. Me lo hanno regalato i miei genitori per il compleanno. Ho detto alla mamma che servirò io gli aperitivi.

"Perché non Anna?" ha chiesto la mamma. Anna è la nostra donna di servizio. [1]

"Perché Filippo non è ricco come noi. Non ha la donna di servizio. Può offendersi."

"Capisco," ha detto la mamma. Ma non sembrava contenta.

---

1. **donna di servizio** : persona che fa i lavori di casa a pagamento.

Storia d'Amore

20 maggio 1985
mattina

Sono disperata. [1] È successa una cosa terribile. Ho pianto tutta la notte. Alle sette in punto è venuto a casa mia. Indossava un jeans e una maglietta. Ero delusa. [2] Pensavo: "Sarà elegante per il ristorante." Invece no. Forse anche i miei genitori erano delusi, ma non lo hanno dimostrato.

Abbiamo preso l'aperitivo in sala. La nostra sala è molto grande; alle pareti sono appesi molti quadri e ci sono anche sculture e vasi. Improvvisamente mio padre gli ha chiesto:

"Valentina mi ha detto che sei molto bravo a scuola, Filippo. Cosa vuoi fare dopo la maturità?" [3]

"Voglio viaggiare."

"Come viaggiare?" ha chiesto papà.

"Voglio viaggiare per il mondo."

"Ma certo – ha detto la mamma – molti ragazzi di buona

---

1. **disperata** : molto triste/abbattuta.
2. **delusa** : tradita nelle aspettative (qualcosa di bello che mi aspettavo non è successo).
3. **maturità** : diploma che si ottiene alla fine della scuola secondaria di secondo grado.

famiglia si prendono un anno di tempo dopo la scuola superiore per andare a conoscere il mondo."

"Io non sono un ragazzo di buona famiglia, signora," ha detto Filippo seccato. [1] "Mio padre è un operaio e mia madre una casalinga."

Abbiamo cercato di continuare la conversazione, ma ormai si era creato il ghiaccio. [2] Così siamo andati via.

"Torna prima di mezzanotte, cara," ha detto la mamma.

Questo è stato l'inizio del disastro. [3]

Non abbiamo più parlato fino al ristorante. Lui mi ha abbracciato [4] per strada, ma si vedeva che era arrabbiato. E anch'io lo ero. Ma ho pensato:

"Al ristorante andrà meglio."

Il ristorante è stata un'altra delusione. Una specie di trattoria. [5] Il più brutto posto che abbia mai visto: piccolo, sporco, con grandi tavoli di legno. Non sono mai stata in un posto simile. [6] Con i miei genitori vado sempre al "Berot" o all'"Oca blu", ristoranti eleganti con una bella atmosfera. Filippo ha visto che ero delusa.

"Non ti piace, vero?"

"Beh, non era ciò che mi aspettavo..."

"Certo, con quella famiglia..."

"Cosa vuoi dire?"

---

1. **seccato** : infastidito.
2. **si era creato il ghiaccio** : c'era freddezza.
3. **disastro** : catastrofe.
4. **mi ha abbracciato** : mi ha messo un braccio attorno alle spalle o alla vita.
5. **trattoria** : ristorante rustico.
6. **simile** : di questo tipo.

Storia d'Amore

"Siete tutti così raffinati..." era ironico.

"Vuoi dire snob, vero?"

"Sì, snob."

Ero sempre più arrabbiata e anche lui.

"Non ti piacciono le cose semplici?"

"Questo ristorante non è semplice, è solo brutto."

Lui si è alzato.

"Allora ce ne andiamo," ha detto, "subito..."

"Va bene, andiamo!" ho risposto io.

Abbiamo camminato lungo via Masaccio.

"Ti accompagno a casa," ha detto.

"A piedi?" Questa volta ero io ironica.

"Aspettiamo l'autobus alla fermata. Sai, sono troppo povero per permettermi [1] una macchina."

"Già, è troppo povero..." ho pensato, "è troppo povero..."

"Possiamo andare a casa mia," ha proposto, "mia mamma ci può preparare qualcosa da mangiare."

Lui voleva riappacificarsi, [2] ma io no. Ero ancora offesa per quello che aveva detto sulla MIA famiglia.

"No, non voglio andare a casa tua."

"Non ti piace? È troppo piccola e miserabile [3] per te...?" parlava con un tono aggressivo.

Io ho risposto:

"No, non mi piace... è piccola e brutta e puzza [4] sempre

---

1. **permettermi** : poter comprare/avere.
2. **riappacificarsi** : riconciliarsi (fare la pace).
3. **miserabile** : povera.
4. **puzza** : ha un cattivo odore.

Storia d'Amore

di aglio..." [1]

Lui mi ha guardato e ha detto:

"L'ho detto. Sei come i tuoi, stupida e snob. Solo i soldi sono importanti per te."

"ANCHE i soldi sono importanti. E i vestiti. E la casa. E... non voglio avere una vita da poveretta in un appartamento di quaranta metri quadrati, [2] perché tu sei... sei..."

"Ho capito, Valentina. Non abbiamo più nulla da dirci."

Ci siamo guardati. Per l'ultima volta forse?

Arrivava l'autobus in quel momento. L'ho preso e sono andata a casa.

Piangevo e forse... anche lui.

1. **aglio** :
2. **metro quadrato** : m², unità di misura di superficie.

Comprensione

1 **Rileggi il capitolo e indica se le seguenti affermazioni sono vere (V) o false (F).**

	V	F
1. Valentina era elegante.	☒	☐
2. Anna è una parente di Valentina.	☐	☒
3. La casa di Valentina è modesta.	☐	☒
4. Tutti sono delusi dall'incontro.	☒	☐
5. Filippo dice ai genitori di Valentina che vuole frequentare l'università.	☒	☒
6. Secondo Valentina il ristorante è brutto.	☒	☐
7. Valentina va sempre in locali rustici.	☐	☒
8. Filippo pensa che la famiglia di Valentina sia snob.	☒	☐
9. A Valentina non piace la casa di Filippo.	☒	☐
10. Filippo accompagna Valentina a casa.	☐	☒

2 **Ecco cosa prevedeva l'oroscopo della giornata per Valentina.**

L'ottima posizione di Marte, combinata con quella della Luna, vi permette di osare qualcosa, sia nel lavoro sia in amore.
Dovrete essere voi, tuttavia, a fare il primo passo Avete dalla vostra parte, se non l'energia, almeno la fortuna.
Agite, non ve ne pentirete!

È veramente andata così?

....

....

....

....

Competenze linguistiche

1 **Conosci i nomi dei segni zodiacali in italiano?**
Collega i nomi e le definizioni ai seguenti disegni.

1. Bilancia: equilibrato
2. Scorpione: misterioso
3. Sagittario: elegante
4. Capricorno: determinato
5. Acquario: anticonvenzionale
6. Pesci: sensibile
7. Ariete: ambizioso
8. Toro: testardo
9. Gemelli: vivace
10. Cancro: sognatore
11. Leone: forte
12. Vergine: perfezionista

a 7

b 3

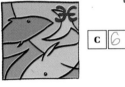

c 6

d 10

e 12

f 4

g 1

h 9

i 11

j 2

k 5

l 8

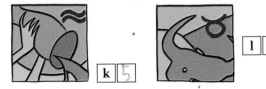

2 **Leggi queste statistiche sull'astrologia e l'oroscopo.**

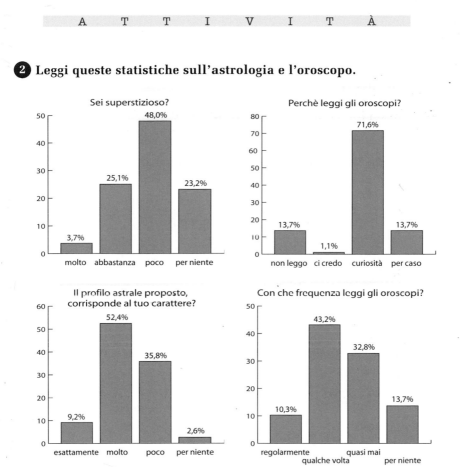

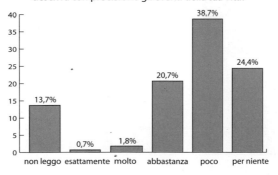

E tu? Cosa risponderesti a queste domande?

3 Indica ora quali delle seguenti affermazioni sono vere (V) e quali false (F).

	V	F
1. La maggior parte degli italiani non è superstiziosa.	☐	☐
2. Pochi italiani leggono sempre gli oroscopi su giornali e riviste.	☐	☐
3. Gli italiani leggono gli oroscopi per curiosità.	☐	☐
4. Gli italiani leggono con poca frequenza gli oroscopi.	☐	☐
5. La maggioranza degli italiani legge spesso riviste di astrologia.	☐	☐

CELI 2

4 Descrivi i seguenti personaggi e indicane la professione fra quelle elencate.

1. cantante   4. impiegato
2. medico   5. regista
3. attore   6. presentatore televisivo

a.

b.

c.

....

....

Competenze linguistiche

1 Unisci con una freccia la parola corrispondente a ciascuna definizione.

1. Il contrario di ridere   a. diploma

2. Pantaloni americani   b. sporco

3. Si beve prima di cena   c. puzzare

4. Si ottiene alla fine della scuola superiore   d. povero

5. Il contrario di pulito   e. soldi

6. "Con la puzza sotto il naso"   f. jeans

7. Il contrario di ricco   g. aperitivo

8. Sinonimo di denaro   h. snob

9. Avere un cattivo odore   i. piangere

CELI 2

2 Filippo parla di Valentina con sua madre. Completa il testo con le parole mancanti.

Madre: La tua fidanzata è sempre così ....

Filippo: Sì, ... molto ai vestiti.

Madre: La sua famiglia .... bene, vero?

Filippo: Sì, credo di sì. Devono essere piuttosto ....

Madre: Allora non è la .... per te.

Filippo: Cosa vuoi ....?

Madre: I ricchi sposano i ricchi, Filippo. ....!

Filippo: Che .... racconti!

Madre: Ascolta tua madre che ha esperienza della ....
I ricchi non .... i poveri.

Grammatica

1 **Completa il seguente brano di diario scritto da Valentina.**

> **mi** (x2)　　**gli**　　**lo** (x3)　　**le**

Ieri Filippo .... ha invitato fuori a cena. È il mio compleanno
e .... festeggeremo insieme. Ne ho parlato a mia mamma.
.... ho detto che voglio uscire di sera con Filippo e lei
.... ha risposto:

"Questo Filippo... vorrei conoscer............ . Invita............ a casa
nostra!"

Così domani i miei genitori incontreranno Filippo. Sono sicura
che .... piaceranno.

Documenti

Turismo

Milano e dintorni
Purtroppo a Milano non ci sono molti
parchi. Per trovare ampie aree verdi e
bei paesaggi è necessario
uscire dalla città.

Bormio

Courmayeur ● Bellagio

● Rapallo

1 **Conosci i luoghi segnalati sulla cartina? Sai riconoscere ciascuna località in base alla descrizione qui sotto?**

1. C'è il mare, colline e montagne nell'entroterra. Questa località è famosa per il suo clima mite e fiori e piante. A circa due ore da Milano in macchina o in treno.

2. Antiche ville e alte montagne vi si affacciano. Bello e malinconico.

3. È al confine con la Francia. Una cittadina graziosa e pulita ai piedi del Monte Bianco.

4. Vi si può sciare d'inverno e fare lunghe passeggiate d'estate. Elegante con le terme vecchie e nuove.

a. ☐

b. ☐

c. ☐

d. ☐

2 Soldi... soldi... soldi

Valentina è ricca e, sembra, spenda molto per i vestiti. Ma in Italia?

Quanto spendono le famiglie italiane?

Nel 2002, secondo i dati di un'indagine sui consumi fatta prendendo come campione oltre 27 mila famiglie, la spesa media mensile per famiglia in Italia è pari a 2 194 euro.

Le spese per il cibo 425 euro
Le spese per i generi non alimentari 1 770 euro

Le spese per l'abitazione sono quelle che incidono di più: l'affitto o il mutuo e il condominio.
Il 14,3% del bilancio mensile viene speso per i trasporti.
Diminuisce, invece, la spesa per l'acquisto di automobili nuove e le vacanze e si spende meno anche per l'abbigliamento e le calzature.

Come spendono gli italiani

	Alimentari		Non alimentari			Alimentari		Non alimentari	
	2001	2002	2001	2002		2001	2002	2001	2002
Piemonte	395	399	1.823	1.853	Marche	440	465	1.868	1.965
Val d'Aosta	352	398	1.961	1.820	Lazio	391	448	1.610	1.826
Lombardia	430	436	2.051	2.081	Abruzzo	422	427	1.591	1.585
Trentino	361	358	2.088	1.885	Molise	371	353	1.448	1.398
Veneto	397	403	2.300	2.095	Campania	434	460	1.354	1.284
Friuli	353	354	1.838	1.763	Puglia	410	431	1.348	1.424
Liguria	414	439	1.613	1.609	Basilicata	374	394	1.418	1.395
Emilia R.	401	388	2.257	2.066	Calabria	401	405	1.270	1.221
Toscana	440	424	1.939	2.006	Sicilia	411	434	1.312	1.362
Umbria	399	451	1.847	1.860	Sardegna	418	445	1.457	1.558

Spesa mensile delle famiglie per alimentari e non alimentari e regione. Valori in euro.

CAPITOLO **4**

30 settembre 1985
quattro mesi dopo

Non ti ho scritto per mesi, perché sono stata in Scozia. Il solito viaggio-studio. Il progetto originale [1] era di stare là soltanto un mese, ma non volevo tornare a Milano prima. Qui tutto mi ricorda lui. Appena sono tornata, sono andata a Parco Sempione dietro al Castello Sforzesco dove ci siamo baciati la prima volta. Un parco povero, trascurato, che sembra ancora tanto bello perché vive di quel ricordo.

La scuola è ricominciata, ma lui non c'è più. È all'università. Da quel giorno, il giorno del mio

---

1. **originale** : iniziale.

compleanno, non ci siamo più parlati, ma io ho sempre pensato a lui. Quante volte ho rimpianto [1] quella lite! Ma non ho più avuto il coraggio di parlare con lui o di telefonargli. Non so cosa pensi o cosa senta. Forse mi ha già dimenticato. Io l'ho amato tanto e lo amo ancora.

Mia mamma mi ha detto:

"Lo dimenticherai presto. Non era il ragazzo per te."

Ma non l'ho ancora dimenticato. Ho letto su una rivista: "Il primo amore non si scorda [2] mai." E questo è più di un primo amore.

1. **ho rimpianto** : ho desiderato che non fosse successo.
2. **si scorda** : si dimentica.

2 ottobre 1992
sette anni dopo

Da qualche settimana esco [1] con un uomo molto interessante. Si chiama Marco. Ha dieci anni più di me, ma sembra molto giovane. Bello? Non proprio. [2] Le mie amiche dicono 'interessante'. Altezza media, capelli castani – un po' radi [3] forse – e sempre elegante.

Abita in una villa fantastica – ereditata [4] dai suoi – dietro alla basilica di Sant'Ambrogio. Insomma è tutto quello che una donna può desiderare: attraente, [5] intelligente e ricco. Fa il dentista e ha un grande studio in centro. Lavora tanto. Beh, sai, anch'io lavoro tanto. Da quando sono diventata responsabile [6] dell'ufficio acquisti [7] della mia ditta, non torno mai a casa prima delle otto di sera. Perciò ci vediamo una volta durante la settimana, ma passiamo insieme tutto il fine settimana.

---

1. **esco** : frequento, ho un legame.
2. **non proprio** : non esattamente.
3. **radi** : (qui) pochi.
4. **ereditata<eredità** : beni lasciati dopo la morte.
5. **attraente** : che piace.
6. **responsabile** : (qui) capo.
7. **acquisti<acquistare** : comperare.

Storia d'Amore

20 agosto 1993

Sono qui per tre settimane con Marco nella sua villa in Sardegna. Sono venuti anche dei suoi amici: due coppie sposate. Io avrei preferito rimanere da sola con lui. Dopotutto, anche se ci conosciamo da quasi un anno, abbiamo trascorso poco tempo insieme da soli. Gliel'ho detto diverse volte ma lui mi ha risposto: "Avremo tempo di stare da soli quanto vuoi in futuro." Intende [1] quando saremo sposati! Però io vorrei passare adesso con lui da sola questi giorni.

Ho l'impressione [2] che Marco abbia paura di stare solo con me. Ma vedo che anche i suoi amici sposati che sono qui con noi non stanno mai soli e sembrano felici.

Forse sono io troppo 'intimista' come dice la mia amica Cecilia.

---

1. **intende** : vuol dire.
2. **ho l'impressione** : mi sembra.

10 settembre 1993

Mi sono fidanzata ¹ con Marco. È stata quasi una 'cosa' ufficiale. ² A casa sua durante una festa per il compleanno di suo padre, lui ha annunciato ³ il nostro fidanzamento. Mi ha messo al dito l'anello – bellissimo, con zaffiri e diamanti – e io ero felice. C'erano anche i miei genitori. Mio padre mi ha detto: "Sono sicuro che questo è l'uomo giusto per te."

E io? Ne sono sicura come lo sono gli altri? Mio padre, mia madre, Cecilia? Sto bene con Marco, mi fa sentire importante, preziosa. ⁴ È rassicurante ⁵ per me. È simile ⁶ a mio padre, alla gente che i miei hanno sempre frequentato, ma ...

---

1. **mi sono fidanzata** : mi sono scambiata una promessa di matrimonio.
2. **'cosa' ufficiale** : un fatto reso noto a tutti.
3. **ha annunciato** : ha comunicato pubblicamente.
4. **preziosa** : di valore (come un diamante).
5. **è rassicurante** : mi toglie ogni preoccupazione.
6. **simile** : uguale.

Comprensione

1 Rileggi il capitolo e indica se le seguenti affermazioni sono vere (V) o false (F).

		V	F
1.	Marco è molto bello.	☐	☐
2.	Marco è ricco.	☐	☐
3.	Marco piace ai genitori di Valentina.	☐	☐
4.	Valentina lavora soltanto il fine settimana.	☐	☐
5.	Valentina e Marco si vedono spesso.	☐	☐
6.	Valentina e Marco passano le vacanze insieme.	☐	☐
7.	Ci sono degli amici con loro in vacanza.	☐	☐
8.	Sembra che Marco voglia sposare Valentina.	☐	☐

CELI 2

2 Completa il testo con la parola opportuna tra le tre sottoelencate. Trascrivi in ogni spazio numerato la lettera corrispondente alla parola scelta.

Marco fa il .... (1) Ha circa .... (2) anni. Abita in una .... (3) fantastica, dietro alla basilica di .... (4) Per il fidanzamento ha regalato a Valentina un .... (5) di zaffiri e diamanti. Valentina sta bene con Marco perché lui è .... (6) ai suoi genitori e la fa sentire .... (7) e preziosa.

1. A carabiniere	B dentista	C muratore
2. A venti	B nove	C quaranta
3. A appartamento	B casa di campagna	C villa
4. A San Marco	B S. Pietro	C Sant'Ambrogio
5. A anello	B orologio	C bracciale
6. A diverso	B uguale	C simile
7. A bella	B brutta	C importante

Grammatica

CELI 2

1 Inserisci gli aggettivi possessivi adatti nel seguente testo.

Ieri sera c'è stata una festa a casa di Marco per il compleanno di
.... padre. Ha voluto annunciare il .... fidanzamento.
I .... genitori erano presenti. .... padre mi ha detto:
"Sono sicuro che la .... vita insieme sarà felice." Vorrei
avere la .... sicurezza. La .... amica Cecilia mi ha
chiesto: "Quando sarà il .... matrimonio?" Ma io non
sapevo cosa risponderle.

Competenze linguistiche

1 Indovina a quale parola corrisponde ciascuna definizione.

dentista	dita	ora	regalo	solo	pochi
passare	sicuro	volere	frequentare		

1. Altra parola per "adesso". ....

2. Il contrario di indeciso. ....

3. Lo si dà al compleanno. ....

4. Sono cinque nella mano. ....

5. Contrario di "molti". ....

6. Uscire con. ....

7. Trascorrere. ....

8. Desiderare. ....

9. Ci si va quando si ha mal di denti. ....

10. Lo è chi non è in compagnia. ....

Documenti

1 Il primo amore non si scorda mai? Valentina scrive che non dimenticherà mai Filippo, il suo primo amore.
Anche nella seguente lettera a una rivista una donna parla dell'incontro con il suo primo amore.

Mi devo consigliare con qualcuno. Da ragazzina sono stata innamorata di un ragazzo e sono stata sua. Dopo sei anni mi ha lasciata. Ho 69 anni e non l'ho mai dimenticato, ma nemmeno lui mi ha dimenticato. Ci siamo incontrati per strada dopo tantissimi anni, ci siamo abbracciati. Qualche volta mi telefona. Ora vuole rivedermi. Devo incontrarlo o no? Mi devo vergognare di pensare ancora a lui alla mia età?

Parliamo di sentimenti

E tu? Ricordi il tuo primo amore? È vero che non si scorda mai?
Trovi ridicolo che una donna di 69 anni sia ancora innamorata?
Questa è la risposta alla lettera in ... pezzi. Riesci a ricostruirla?

☐ Mi domandi

☐ a lui come una ragazzina.

☐ Si, lo è.

☐ è lecito amare.

☐ Ad ogni età è bello amare

☐ io per prima, ti invidiano.

☐ e non ti devi vergognare

☐ se alla tua età

☐ Non sai quante,

☐ se pensi ancora

Gli snob e gli status symbol

2 **Marco è quello che si dice uno snob, che ama gli status symbol e le cose lussuose. Secondo te...**

1. Come si veste Marco?
2. Porta l'orologio? Quale?
3. Fa sport? Quali?
4. Dove va in vacanza?
5. Conosci persone come Marco?

Quali sono gli status symbol nel tuo paese?

TEST

❸ Scopriamo insieme se sei anche tu uno snob come Marco.

1. Preferisci la vacanza:
   - **a.** ☐ in barca
   - **b.** ☐ in un villaggio
   - **c.** ☐ in campeggio

2. Come ristorante scegli:
   - **a.** ☐ un ristorante di 'nouvelle cuisine'
   - **b.** ☐ un ristorante tipico
   - **c.** ☐ una trattoria

3. Preferisci praticare:
   - **a.** ☐ il golf
   - **b.** ☐ la corsa
   - **c.** ☐ il calcio

4. Il mezzo di trasporto più "in" in città:
   - **a.** ☐ la Vespa
   - **b.** ☐ la bicicletta
   - **c.** ☐ la macchina

5. In casa indossi preferibilmente:
   - **a.** ☐ la vestaglia
   - **b.** ☐ la tuta
   - **c.** ☐ i jeans

6. Porti:
   - **a.** ☐ un Rolex
   - **b.** ☐ uno Swatch
   - **c.** ☐ l'orologio trovato nel detersivo

7. Passi le tue vacanze:
   - **a.** ☐ sull'Isola di Pasqua
   - **b.** ☐ in alta montagna
   - **c.** ☐ a Rimini

Risultato:

prevalenza di a: Sei un vero snob! Ma alcuni articoli sono un po' datati.

prevalenza di b: Forse sei tu il vero elegante della situazione!

prevalenza di c: Hai gusti semplici e ti piacciono i divertimenti e le cose poco costose.

CAPITOLO 5

3 ottobre 1993

ggi sono andata al ristorante con Marco e le altre due coppie che conoscevo già dalla Sardegna. Non mi sono molto simpatici. O forse è più esatto dire che sì, sono simpatici, ma vuoti e superficiali. [1] Marco li ha conosciuti nel club – naturalmente esclusivo [2] – di cui è membro. [3] Ci sono andata qualche volta anch'io: è un posto bello ed elegante con tante strutture [4] sportive e una fantastica piscina, ma ho trovato la gente che

1. **superficiale** : che non approfondisce.
2. **esclusivo** : solo per pochi.
3. **è membro** : fa parte.
4. **strutture** : (qui) campi da tennis, palestra, ecc.

Storia d'Amore

lo frequenta terribile. Le donne parlano soltanto di moda e di bridge, gli uomini di soldi e di macchine belle e veloci.

Le due coppie di questa sera sono simili. Hanno sempre parlato di 'cose': la loro villa a Porto Rotondo, la loro barca a Santa Margherita, il loro nuovo telefonino. Temo che, se sposerò Marco, la nostra vita girerà intorno a questo. [1]

Non so perché, quando sono tornata a casa, mi sono messa a guardare le fotografie di quando ero 'giovane'. Un album è tutto pieno di foto di me e Filippo. Qualche volta ci penso ancora. Non ho più saputo niente di lui. Dove sarà adesso? Mi piacerebbe rivederlo.

---

1. **girerà intorno a questo** : saranno questi gli argomenti di cui parlare, (qui) sarà influenzata da questo.

Storia d'Amore

12 ottobre 1993

È successo qualcosa di incredibile. Soltanto pochi giorni fa scrivevo sulle pagine di questo diario che vorrei rivedere Filippo ed ecco... l'ho incontrato. Lo stesso giorno di dieci anni fa: il 12 ottobre. Una data magica!

È rimasto lo stesso: bello e affascinante. Era felice di rivedermi e anch'io ero felice.

Eravamo ad una riunione [1] di lavoro. Il capo l'ha presentato allo staff: "Questo è il dottor Filippo Barini. Il dottor Barini lavora nel laboratorio dell'università e ci potrà aiutare nelle nostre ricerche [2] sul farmaco."

Alla fine della riunione, mi ha chiesto: "Vieni a bere qualcosa?"

Siamo andati in un bar vicino all'ufficio. Erano le undici di mattina, ciononostante abbiamo bevuto diversi 'prosecchini'. [3]

All'inizio abbiamo parlato

1. **riunione** : incontro, appuntamento.
2. **ricerche** : attività di studio.
3. **prosecchino** (dim.) : bicchiere di spumante secco (vino bianco frizzante).

soltanto degli studi e del lavoro: "Mi è piaciuta molto l'università" ha detto Filippo. "Ho studiato Scienze, come volevo. Certo... i soliti problemi: pochi laboratori, poche strutture. Ho anche lavorato per diversi anni in un bar. Dopo il corso ho vinto una borsa di studio [1] per gli Stati Uniti. Sono stato un anno a Dallas."

"Anch'io sono stata negli Stati Uniti, in California, dopo l'università, per uno stage."

"Hai studiato Economia?"

"Sì, come avevo sempre desiderato."

"Poi anche tu sei tornata in Italia."

"Già... gli Stati Uniti sono belli, ma è un altro mondo, altra gente..."

"Sì, hai ragione. È difficile per noi amare veramente la vita lì. Così dopo l'anno della borsa di studio sono tornato in Italia. Lavoro un po' all'università e un po' come libero professionista. [2] Così riesco a guadagnare abbastanza per mantenermi." [3]

"Vivi da solo?"

"Sì, i miei genitori sono tornati in Sicilia e anche i miei fratelli. E tu?"

"Anch'io. Ho un piccolo appartamento al centro, ma spesso vado dai miei."

1. **borsa di studio** : somma di denaro; viene data a chi è molto bravo negli studi e/o per difficoltà economiche.
2. **libero professionista** : chi lavora indipendentemente.
3. **mantenermi** : guadagnare abbastanza per vivere.

Storia d'Amore

Ho parlato a lungo di me, della mia vita e del mio lavoro, come da tempo non ne parlavo con nessuno. Anche dopo così tanto tempo riesco a parlare con sincerità a Filippo. Ma non ho parlato del mio fidanzato, Marco.

Mentre, sempre nello stesso bar, mangiavamo un panino e bevevamo il quarto 'prosecchino' ho guardato l'orologio:

"Oh Dio, sono le due e mezza. Ho un appuntamento importante."

Ho lasciato il panino sul tavolo e ho preso la borsa.

"Quando ci vediamo?" ha chiesto lui.

"Non so..."

"Domani, a cena."

Ero insicura. Pensavo a Marco. Filippo mi guardava.

"Va bene, domani," ho detto "davanti all'ufficio alle sette."

Comprensione

1 **Rileggi il capitolo e indica se le seguenti affermazioni sono vere (V) o false (F).**

		V	F
1.	Valentina è andata in un ristorante da sola con Marco.	☐	☐
2.	Si è divertita molto.	☐	☐
3.	Il club di Marco è bello ed elegante.	☐	☐
4.	La gente che frequenta questo club è bella ed elegante.	☐	☐
5.	Qualche volta Valentina pensa ancora a Filippo.	☐	☐
6.	Valentina incontra Filippo al ristorante.	☐	☐
7.	Filippo è il nuovo capo di Valentina.	☐	☐

2 **Cosa sappiamo del passato di Valentina e di Filippo?**

1. Valentina ha studiato .... all'.................... . Poi è andata in .... per uno .... Adesso lavora in una .... Abita in un piccolo .... in centro, ma vede spesso i suoi ....

2. Dopo l'.................... Filippo ha vinto una .... Ha passato un .... in America. Adesso lavora all'.................... come libero .... Abita da .... I suoi .... abitano in Sicilia.

3 Ascolta Marco e la sua amica Ludovica che parlano dei luoghi in cui andranno in vacanza.
Indica quali sono le località nominate da Ludovica e Marco nella conversazione.

M: Dove passi le tue vacanze quest'estate?

L: Lalla mi ha invitato a ....

M: Ah che noia... ormai a .... ci vanno solo i vecchi.

L: Sì, ma rimango lì soltanto per qualche giorno. Lalla è una vecchia amica e ha... ospiti importanti.

M: Da lì vai anche all'...........................?

L: No, non penso, in quel periodo c'è troppa gente all'................ .

M: Tutte qui le tue vacanze?

L: Eh no... A metà agosto vado in barca in mini-crociera. Sai che ho la barca a ....

M: Quello sì che è bello. Rimanete in Italia?

L: Sì, andiamo in ...., ..., alle isole al Nord, ..., ..., e poi forse fino alle .... in Sicilia. Speriamo che ci sia bel tempo... E tu dove vai?

M: Vado a fare un po' di sci estivo a ...., sai, dove hanno la casa i miei. E poi al mare in .... Ho comprato un monolocale a ....

L: In che mese vai?

M: Tra luglio e agosto. All'inizio di settembre devo andare, ma per lavoro – una delle solite conferenze tra dottori – a ....

Competenze linguistiche

1 **Completa ciascuna frase con i seguenti verbi coniugandoli al presente dove necessario.**

> **trovare   sposare   parlare   pensare**
> **sapere   tornare   lavorare**

1. Le donne in questo club .... soltanto di moda.
2. Valentina vorrebbe .... Marco.
3. Quando Valentina .... a casa, guarda le foto del passato.
4. Qualche volta Valentina .... ancora a Filippo.
5. Valentina non .... più niente del suo ex-fidanzato.
6. Valentina .... Filippo ancora affascinante.
7. Filippo .... nel laboratorio dell'università.

Grammatica

1 **Volgi al plurale le seguenti parole.**

1. il ristorante ....
2. la coppia ....
3. il club ....
4. la moda ....
5. l'album ....
6. il diario ....

CELI 2

2 Volgi al plurale le seguenti frasi (attenzione agli accordi!).

Esempio: È un posto bello ed elegante.
Sono posti belli ed eleganti.

1. Rimane sempre lo stesso.

....

2. È una data magica.

....

3. Questo lavoro è interessante.

....

4. C'è un problema.

....

5. Ha un piccolo appartamento.

....

6. Mangia un panino.

....

7. Ci sono andata qualche volta anch'io.

....

8. È proprio un club esclusivo.

....

9. Ho parlato a lungo di me.

....

CAPITOLO **6**

13 ottobre 1993

È notte. Sono appena tornata. Ho passato una serata meravigliosa [1] con Filippo. Abbiamo parlato, parlato e parlato. Lui è rimasto come un tempo: divertente, colto, intelligente anzi geniale. Anche se ora è un uomo, ha lo stesso entusiasmo di allora, [2] un entusiasmo che comunica [3] agli altri. Inoltre parla di libri, film, di ogni cosa con uno spirito, [4] una capacità di farteli rivivere che non ho mai visto in nessuno.

1. **meravigliosa** : bellissima, fantastica.
2. **di allora** : di quel periodo.
3. **comunica** : trasmette.
4. **spirito** : (qui) modo, vivacità.

Storia d'Amore

Alla fine della cena, mentre mangiavamo il dolce, mi ha detto: "Per anni ho desiderato questo momento."

"Anch'io" ho pensato, ma non ho detto niente.

"Quanto ti ho pensato, Valentina..."

Mi ha accompagnato a casa. Ci siamo baciati. Sono scesa in fretta [1] dalla macchina e gli ho gridato:

"Ti telefono..."

E Marco?

17 ottobre 1993

Da quattro giorni non vedo e non telefono a Filippo. Non vedo neppure Marco. Gli ho detto che ho molto lavoro da sbrigare [2] e che sono molto stanca. Ho bisogno di pensare,

---

1. **in fretta** : velocemente.
1. **sbrigare** : fare, portare a termine, concludere.

di stare da sola. Devo capire se sono veramente innamorata di Filippo o se è soltanto il ricordo di quello che è stato.

19 ottobre 1993

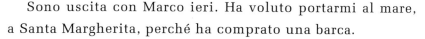

Sono uscita con Marco ieri. Ha voluto portarmi al mare, a Santa Margherita, perché ha comprato una barca.

"Così possiamo fare delle belle mini-crociere, [1] amore," mi ha detto.

Tutto il pomeriggio siamo stati sulla barca, vicino alla barca, intorno alla barca. Ho notato come Marco parli sempre senza dire assolutamente niente. Forse perché ben poco gli interessa a parte il denaro. È vero che è molto dolce e mi ama, ma... ma mi chiedo... come ho fatto a non

---

1. **crociera** : viaggio in nave.

notare queste cose in un anno che stiamo insieme. Forse, come l'anno scorso in Sardegna, lo avevo notato ma non volevo ammetterlo.

Penso di aver capito che NON lo amo.

20 ottobre 1993

Ho telefonato a Filippo. Era un po' freddo.

"È passata una settimana."

"Lo so, mi dispiace, Filippo, ma..."

"Non trovare scuse, ti prego. C'è un altro, vero?"

Filippo è sempre stato diretto. Questa volta lo sono stata anch'io.

"Sì, c'è un altro."

"Capisco..."

"Vorrei... vorrei vederti, parlarne..."

Ci siamo accordati [1] per domani. Cosa gli dirò?

Ho parlato con la mia amica Cecilia. Lei ha grande esperienza in fatto di uomini, ma non molta fortuna: ha

---

1. **accordati** : messi d'accordo.

infatti divorziato due volte. Mi ha detto: "Segui i soldi, non il cuore. Se sposi uno senza soldi, quando passa l'amore, ti trovi povera e infelice. Se invece è ricco, almeno ti trovi ricca e infelice."

Ma perché l'amore deve 'passare'? Forse non ci si può amare per sempre? Cecilia è una buona amica ma molto diversa da me. Ho capito che devo decidere da sola una volta nella mia vita.

21 ottobre 1993

Ho visto Filippo. Altra serata meravigliosa. Siamo andati al Parco, come allora. Non c'ero stata da anni. A Marco non piace Parco Sempione: lo trova deprimente [1] e pieno di 'brutta gente'. Volevo parlare di Marco, ma Filippo non ha voluto.

"Non spezziamo l'incanto, [2] Valentina," mi ha detto.

---

1. **deprimente<deprimere** : abbattere, rattristare.
2. **spezziamo l'incanto** : rompiamo la magia.

Ho parlato di Marco e del nostro fidanzamento più tardi, in uno dei soliti bar che a Filippo piacciono tanto.

"Cosa hai intenzione di [1] fare?"

"Non lo so."

"Sei innamorata di questo tizio?" [2]

"Non lo so."

"Vedo che hai le idee molto chiare."

Così improvvisamente, mi sono messa a piangere.

Filippo mi ha abbracciato.

"Non piangere, sciocchina. Stai tranquilla. Tutto si sistemerà..." [3]

Non ne abbiamo più parlato, ma mi rendo conto che devo prendere una decisione al più presto.

---

1. **hai intenzione di** : intendi, pensi di.
2. **questo tizio** : questa persona.
3. **si sistemerà** : andrà a posto.

Comprensione

1 **Rileggi il capitolo e indica con una ✗ la lettera corrispondente all'affermazione corretta.**

1. Valentina
   a. ☐ non è innamorata di Filippo.
   b. ☐ ha baciato Filippo.
   c. ☐ esce ogni sera con Filippo.

2. Filippo e Valentina parlano molto di
   a. ☐ libri e film.
   b. ☐ soldi.
   c. ☐ barche.

3. A Santa Margherita Valentina scopre di non amare
   a. ☐ Marco.
   b. ☐ le barche.
   c. ☐ il posto.

4. Per quattro giorni Valentina
   a. ☐ lavora molto.
   b. ☐ non vede Marco.
   c. ☐ non vede né Marco né Filippo.

5. Cecilia
   a. ☐ non è sposata.
   b. ☐ è divorziata.
   c. ☐ è felice.

6. Valentina è
   a. ☐ indecisa.
   b. ☐ arrabbiata.
   c. ☐ comprensiva.

2 Hobby – passatempi

A Filippo piace andare al parco, nei bar, visitare i musei; a Marco invece piace andare in barca e frequentare il club. E a te cosa piace fare nel tempo libero?

sport:	☐ correre	☐ nuotare
	☐ giocare a tennis	☐ giocare a golf
	☐ andare a cavallo	☐ altro
attività culturali:	☐ andare al cinema	☐ andare a teatro
	☐ andare ai concerti	☐ visitare i musei
	☐ leggere	☐ altro
attività sociali:	☐ uscire con gli amici	☐ giocare a carte
	☐ andare al bar	☐ altro
a casa:	☐ guardare la televisione	☐ ascoltare la radio
	☐ fare "bricolage"	☐ altro

Produzione scritta

1 Compila l'agenda di Valentina, come nell'esempio.

	13	14	15	16	17	18	19	20
mattino								
pomeriggio		Non ho visto né Marco né Filippo						

Competenze linguistiche

1 Hai buona memoria?
Tante sono le parole nel testo che si riferiscono alla coppia e all'amore. Te le ricordi?

lasciare	rapporto	fidanzarsi
innamorarsi	divorziare	marito moglie

1. Prima di sposarsi, molte coppie ....

2. Appena l'ha visto, ... è .... di lui.

3. Il .... tra Valentina e Marco è superficiale.

4. Cecilia ha .... perché non era felice con il marito.

5. Quando due sono sposati, diventano .... e
....

6. Valentina vuole .... Marco perché non lo ama.

2 Completa le seguenti espressioni con i verbi mancanti.

guadagnare	mangiare	stare
seguire	vedere	prendere	spezzare

1. .... l'incantesimo.

2. .... una decisione.

3. .... tranquillo.

4. .... il cuore.

5. .... una persona.

6. .... un dolce.

7. .... denaro.

Grammatica

1 Completa le seguenti frasi utilizzando gli articoli: *un/uno/una* o *il/l'/la/gli/le*.

1. Ho passato .... bella sera con .... amico.

2. Adesso è .... uomo, forse .... uomo che ho sempre sognato.

3. Mi piace .... mare, ma non .... barche.

4. Filippo non vuole spezzare .... incantesimo.

5. Filippo ha, secondo Valentina, ... spirito eccezionale.

6. .... mia amica Cecilia dice di capire .... uomini.

Documenti

1 Marco è elegante e snob, Filippo giovane e intellettuale. Ma che tipo di uomo piace oggi alle italiane?

Quali sono i nuovi modelli di uomo?

Secondo Willy Pasini, famoso psicologo, oggi gli uomini sono di tre tipi:

- Il tipo Rambo primitivo, è sempre meno amato.
- Il tipo Verdone nostalgico, spesso infelice perché spaventato da lei. Come l'attore in molti suoi film.
- Il tipo Pieraccioni (regista), l'uomo nuovo anti-virile, che sa essere dolce e sorprendente.

Statistica: solo 9 donne su 100 desiderano l'uomo virile e 16 uomini su 100 amano mostrare i muscoli.

da *Io Donna*

Nell'articolo si sostiene che:

a. ☐ si cercano nuovi attori per un film di Pieraccioni.

b. ☐ si danno informazioni sui gusti delle donne.

c. ☐ si danno indicazioni utili per conquistare un uomo italiano.

Produzione scritta

CELI 2

1 **Valentina ha deciso di ritornare con Filippo, il suo primo e unico grande amore.**
Vuole, comunque, dare una spiegazione a Marco e decide di scrivergli una lettera.
Nella lettera

- racconta quando e dove ha rivisto Filippo
- spiega perché è tutto finito tra lei e Marco
- spiega le ragioni di questa sua scelta

(90 - 100 parole)

_____

_____

_____

_____

_____

_____

_____

_____

_____

_____

_____

_____

CAPITOLO **7**

22 dicembre 1993

omani cominciano le vacanze: finalmente dieci giorni di riposo. I miei genitori hanno invitato Marco a passare il giorno di Natale con noi.

Si è accorto che qualcosa non va. Non mi ha chiesto niente direttamente, ma mi ha guardato diverse volte in modo inquisitorio. [1] Fortunatamente Filippo passerà il Natale con la sua famiglia in

---

1. **inquisitorio** : interrogativo e insistente.

Sicilia. Prima che torni, devo assolutamente trovare il coraggio di parlare a Marco. Forse il giorno di Santo Stefano?

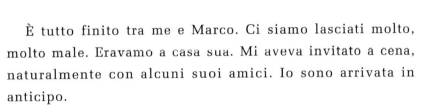

27 dicembre 1993

È tutto finito tra me e Marco. Ci siamo lasciati molto, molto male. Eravamo a casa sua. Mi aveva invitato a cena, naturalmente con alcuni suoi amici. Io sono arrivata in anticipo.

Ho cominciato con il solito:

"Devo parlarti."

"Lo so" ha risposto lui.

"Ho rivisto Filippo."

"Chi è Filippo?... Ah sì, ricordo... il tuo ex [1] del liceo."

"Già..."

"E hai scoperto che è l'uomo della tua vita..." era ironico.

"Mi dispiace, Marco."

---

1. **il tuo ex** : precedente partner, compagno.

Storia d' Amore

"È veramente banale rinnamorarsi degli ex-fidanzati, non lo sai Valentina?"

Io non ho detto niente.

"Da quanto va avanti questa storia?"

"Da..."

"No, non dirmelo. Non m'interessa. Ma dimmi... sei proprio sicura?"

"Sì, sono sicura, sicurissima."

"Va bene. Allora tra noi è finita... per sempre... ricordatelo. Non cercarmi mai più..." Era molto arrabbiato, non lo avevo mai visto così. Quasi ho avuto paura. Avrei voluto aggiungere qualcosa, dare qualche spiegazione, ma ho pensato: "È inutile, non adesso..."

Così me ne sono andata velocemente e forse non l'ho neppure salutato.

Adesso mi sento sollevata, [1] mi sento veramente bene, come sempre accade dopo aver preso una decisione importante.

---

1. **sollevata<sollievo** : liberata da una preoccupazione, un peso.

10 ottobre 1994

Dopodomani sposerò Filippo. Ci sposiamo in chiesa, e abbiamo organizzato una cena a cui abbiamo invitato soltanto i nostri amici e i nostri genitori. Filippo ha pochi soldi e non vuole 'dovere' niente alla mia famiglia. Io sono d'accordo. E poi mi piace l'idea di andare a mangiare in una 'locanda fuori porta'. [1] Sono stufa di eleganti ristoranti dove si mangiano colorati piatti di 'nouvelle cuisine'.

I miei genitori non sono molto contenti. A loro piaceva tanto Marco. Ma ormai sono adulta e non devo rendere conto [2] a nessuno di ciò che faccio. Devo solo ascoltare me stessa. Ciò che dieci anni fa è stato un ostacolo [3] al nostro rapporto, adesso non può più esserlo. Non dipendiamo più dalle nostre famiglie e abbiamo imparato a guardarle con amore sì, ma anche con distacco. E poi i soldi, il prestigio, le 'belle' cose mi sono venute a noia [4] con Marco.

Quando Filippo mi ha proposto di sposarlo ha detto: "Certo, io non ti posso offrire ciò che ti offre lui: i soldi, il

---

1. **locanda fuori porta** : trattoria alle porte della città.
2. **rendere conto** : dare una spiegazione.
3. **ostacolo** : impedimento.
4. **mi sono venute a noia** : mi annoiano, non mi interessano più.

lusso, una bella casa. Non guadagno molto e per molto tempo tu guadagnerai più di me. Ma penso che potremo essere egualmente [1] felici."

E lo saremo.

10 marzo 1996

Sono sposata con Filippo e sono tanto felice. Viviamo bene, in armonia. Non abbiamo ancora bambini. Aspettiamo che lui ottenga [2] il posto all'università. Io ho cambiato ditta e adesso lavoro di meno, così posso passare più tempo con mio marito. È un uomo meraviglioso e io sono felice come lo sono stata soltanto allora, a diciotto anni. Il mio primo amore è diventato l'amore di tutta la vita.

E Marco? Si è sposato, un anno dopo che ci siamo lasciati. La moglie è una bella ragazza di vent'anni, ricca, un po' stupida, proprio ciò che desiderava Marco. Li ho

1. **egualmente** : lo stesso.
2. **ottenga** : abbia.

Storia d'Amore

incontrati al matrimonio di Cecilia, la mia cara amica che si sposa per la terza, e speriamo ultima, volta.

La moglie di Marco mi ha detto soltanto: "Ho sentito parlare molto di te..." E Marco ha sorriso. Lui è sempre lo stesso, solo con un po' di pancia [1] e qualche capello grigio in più.

Era seduto a un altro tavolo – Cecilia ha scelto i posti con attenzione – e io l'ho sentito parlare con entusiasmo di una 'bellissima, costosissima, bianchissima barca' che vorrebbe comprare.

Io ho guardato Filippo e ho sentito di amarlo ancora di più.

---

1. **con un po' di pancia** : un po' ingrassato.

Comprensione

1 **Rileggi il capitolo e indica se le seguenti affermazioni sono vere (V) o false (F).**

	V	F
1. Valentina capisce di amare Filippo.	☐	☐
2. Marco capisce che Valentina ha qualche problema.	☐	☐
3. Filippo passa il Natale con la sua famiglia a Milano.	☐	☐
4. Marco è molto arrabbiato per la fine del rapporto.	☐	☐
5. Valentina è infelice dopo aver parlato a Marco.	☐	☐
6. I genitori di Valentina non sono molto contenti del suo matrimonio.	☐	☐
7. Valentina guadagna meno di Filippo.	☐	☐
8. I soldi possono essere un ostacolo alla loro felicità.	☐	☐
9. Valentina e Filippo non possono avere bambini.	☐	☐
10. Valentina è molto felice.	☐	☐
11. Hanno incontrato Marco al matrimonio di Cecilia.	☐	☐
12. Marco è fidanzato.	☐	☐

2 **Ascolta la conversazione al telefono tra Valentina e Filippo e completa con le parole mancanti.**

V: Ciao, come ....?

F: Ciao. Ti sento felice. Cosa è ....?

V: Ho .... con Marco.

F: E...

V: Gli ho detto che tutto è .... tra noi.

F: Come l'ha presa?

V: Un po' male, ma .... di quello che mi aspettavo.

F: Sono felice.

V: Quando ....?

F: Dopodomani in .... Arrivo alle 8 di sera.

V: Vengo a .... all'aeroporto.

F: Mi pensi?

V: .... E tu?

F: Anch'.................... .

V: Ciao, allora. Ci vediamo ....

F: Un bacio.

Produzione orale

 Cosa avresti fatto?
Chi avresti scelto tra Filippo e Marco? Perché?
Ti riconosci di più in Filippo o in Marco? Perché?

2 **Facciamo il bilancio di "Storia d'amore".**

1. La storia di Valentina è narrata sotto forma di...?
2. Quali sono le caratteristiche di questa forma narrativa?
3. Per quanto tempo Valentina scrive la sua storia?
4. Dividi la storia di Valentina in diversi momenti e dai loro un titolo.
5. Ti è mai capitato di tenere un diario? Spiega il perché della tua risposta. Se lo tieni o lo hai tenuto racconta in quale occasione.

Il matrimonio

Quali sono gli ingredienti di un matrimonio felice?

Qual è l'ingrediente principale di un matrimonio riuscito? Il sesso, secondo lei; l'abilità culinaria, secondo lui. 585 le coppie intervistate.
Le loro risposte: dopo il sesso (19%), le donne mettono l'allegria (14%) e l'abilità culinaria del marito è al terzo posto (13%). Per lui: il sesso arriva solo al terzo posto (16%), dopo la cucina (22%) e la dolcezza (18%).

1 **E per te quali sono gli "ingredienti" di un buon matrimonio? Dà ad ognuna delle seguenti affermazioni un voto da 1 a 5.**

1 = non importante; 5 = molto importante.

- Il partner deve saper cucinare.   ....
- Deve essere dolce e comprensivo.   ....
- Deve essere allegro e simpatico.   ....
- Deve essere ricco o avere un buon lavoro. ....
- Deve essere attraente fisicamente.   ....

Se sei sposato...
- Dove ti sei sposato?
- Hai invitato tanta gente al tuo matrimonio?
- Hai offerto un pranzo, una cena, un rinfresco o altro?
- È stata la più bella giornata della tua vita?

Se non sei sposato...
- Dove vorresti sposarti?
- Vorresti invitare tanta gente al tuo matrimonio?
- Come vorresti organizzarlo?

2 **E Valentina?**

1. Dove si sposa Valentina? In chiesa, in municipio?
2. Invita tanta gente al suo matrimonio?
3. Viene offerto un pranzo, una cena o un rinfresco? E perché?

Competenze linguistiche

1 **Trova e collega con una freccia i sinonimi.**

1. andare fuori	a. passare
2. pretesto	b. rapporto
3. bellissimo	c. povero
4. trascorrere	d. uscire
5. capire	e. scusa
6. relazione	f. meraviglioso
7. misero	g. accorgersi

2 **Sostituisci le parole sottolineate con le parole date in ordine sparso che ne sono sinonimo.**

Esempio: Domani <u>cominciano</u> le vacanze.
            Domani iniziano le vacanze.

> **chiedere   iniziare   nulla   magari**
> **trascorrere   relax   capire**

Domani <u>cominciano</u> .... le vacanze: finalmente dieci giorni
di <u>riposo</u> .... I miei genitori hanno invitato Marco a <u>passare</u>
.... il Natale con noi. <u>Si è accorto</u> .... che qualcosa
non va. Non mi ha <u>domandato</u> <u>niente</u> .... direttamente, ma
mi ha guardato diverse volte in modo inquisitorio. Prima che torni
Filippo devo assolutamente trovare il coraggio di parlare con Marco.
<u>Forse</u> .... il giorno di Santo Stefano?

Grammatica

I verbi servili (**potere**, **dovere** e **volere** sono i più usati) sono verbi così definiti perché svolgono un servizio: il loro compito è infatti quello di precedere un altro verbo, posto all'infinito, aggiungendo a tale verbo i concetti di possibilità, dovere, volontà.

Potere è utilizzato per esprimere sfumature di significato differenti:
- avere la possibilità di fare qualcosa, riuscire a fare qualcosa
  Io posso aiutare Cristina.
- avere il diritto o il permesso di fare qualcosa
  Qui possiamo parlare.

Volere esprime volontà e desiderio
  Voglio risolvere il problema.   *Volete bere una tazza di tè?*

Dovere è utilizzato per esprimere sfumature di significato differenti:
- avere l'obbligo di fare qualcosa
  Dovete rispettare la legge.
- avere la necessità di fare qualcosa
  Dobbiamo dormire almeno otto ore.

1 **Completa con i verbi** *volere/dovere/potere*, **opportunamente coniugati.**

Filippo: Non ti .... offrire quello che ....
             offrirti lui.

Valentina: Non .... preoccuparti. Non .... una
             vita come quella. .... vivere con te.

Filippo: E le famiglie? La differenza di status sociale?

Valentina: Adesso non .... più essere un ostacolo.
             Adesso .... guardare le nostre famiglie con
             distacco. Siamo adulti.

Filippo: Farò tutto quello che .... per renderti felice.

Valentina: E sono sicura che lo saremo!

Documenti

Cucina

Il mondo mangia italiano.
A Valentina piace l'idea di andare a cena in un locale modesto.
Sembra che, invece, all'estero i ristoranti italiani siano diventati
molto "in".

E il mondo mangia italiano

La novità è questa: chi si trova all'estero e vuole mangiare italiano non deve più cercare uno dei tanti anonimi ristorantini o trattorie italiane sparse per il mondo. No. La strada giusta è quella che porta ai locali di fama. *Le Cirque* di New York, il *Rex* o lo *Spago* di Los Angeles, il *San Lorenzo* di Londra. Perché è in queste cucine che arrivano i tipici prodotti italiani: il parmigiano e la mozzarella di bufala (che arriva ogni lunedì dalla Campania), l'olio extra-vergine d'oliva e la pasta all'uovo esportata da Arrigo Cipriani fondatore dell'*Harry's Bar* di Venezia. In America c'è anche il prosciutto cotto italiano: ce l'ha portato Marco Rosi il produttore del Parmacotto. Anche il caffè più ambito è naturalmente l'espresso italiano.

da *Gioia*

1 Diversi prodotti vengono citati nell'articolo. Li conosci? Accoppia le seguenti definizioni al relativo prodotto.

1. È rosa e si mangia con il pane. ....

2. È un formaggio fresco. ....

3. È un formaggio molto saporito. ....

4. Un tipo è la tagliatella. ....

5. Si usa per condire. ....

Dialoghi registrati

Capitolo 2

2 **Prof.:** Valentina non **va** molto bene in questo periodo.

Padre: Ah...

Prof.: Nell'ultima **interrogazione** ha **preso** un sei.

Padre: Solo sei.

Prof.: Già. Non ha **studiato** o almeno non come al **solito**.

Padre: Capisco.

Prof.: Valentina è una ragazza molto **intelligente**. Può fare di più. Forse ha dei **problemi**?

Padre: Ma non lo **so**. Le **parlerò** oggi stesso.

Prof.: Sa... molti ragazzi a quest'**età** hanno una crisi. Forse è **innamorata**.

Padre: Grazie **molte** professoressa Buccini.

Capitolo 3

2 **Madre:** La tua fidanzata è sempre così **elegante**.

Filippo: Sì, **tiene** molto ai vestiti.

Madre: La tua famiglia **sta** bene, vero?

Filippo: Sì, credo di sì. Devono essere piuttosto **ricchi**.

Madre: Allora non è la **donna** per te.

Filippo: Cosa vuoi **dire**?

Madre: I ricchi sposano i ricchi, Filippo. **Ricordatelo!**

Filippo: Che **sciocchezze** racconti!

Madre: Ascolta tua madre che ha esperienza della **vita**. I ricchi non **sposano** i poveri.

Capitolo 5

3 **M:** Dove passi le tue vacanze quest'estate?

L: Lalla mi ha invitato a **Forte dei Marmi**.

M: Ah che noia... ormai a **Forte** ci vanno solo i vecchi.

L: Sì, ma rimango lì soltanto per qualche giorno. Lalla è una vecchia amica e ha... ospiti importanti.

M: Da lì vai anche all'**Isola d'Elba**?

L: No, non penso, in quel periodo c'è troppa gente all'**Elba**.

M: Tutte qui le tue vacanze?

L: Eh no... A metà agosto vado in barca in mini-crociera. Sai che ho la barca a **Santa Margherita**.

M: Quello sì che è bello. Rimanete in Italia?

L: Sì, andiamo in **Corsica**, **Sardegna**, alle isole al Nord, **Maddalena**, **Caprera**, e poi forse fino alle **Eolie** in Sicilia. Speriamo che ci sia bel tempo... E tu dove vai?

M: Vado a fare un po' di sci estivo a **Cortina**, sai, dove hanno la casa i miei. E poi al mare in **Costa Smeralda**. Ho comprato un monolocale a **Portorotondo**.

L: In che mese vai?

M: Tra luglio e agosto. All'inizio di settembre devo andare, ma per lavoro – una delle solite conferenze tra dottori – a **Capri**.

Capitolo 7

2 V: Ciao, come **stai**?

F: Ciao. Ti sento felice. Cosa è **successo**?

V: Ho **parlato** con Marco.

F: E...

V: Gli ho detto che tutto è **finito** tra noi.

F: Come l'ha presa?

V: Un po' male, ma **meglio** di quello che mi aspettavo.

F: Sono felice.

V: Quando **torni**?

F: Dopodomani in **aereo**. Arrivo alle 8 di sera.

V: Vengo a prenderti all'aeroporto.

F: Mi pensi?

V: **Sempre**. E tu?

F: Anch'**io**.

V: Ciao, allora. Ci vediamo **domani**.

F: Un bacio.